たまねぎ家の暮らし

はじめに

ピンポ〜ン。

ダダダダダーーー！！！（犬の走る音）　ワンワン！！！

こらー！　がくーーーーっ！！

STOP！　SIT！　WAIT！

待てだよ〜。待っててね。ウェイトだよ〜。

いらっしゃ〜い。

我が家のお出迎えはいつもこんな調子。

ドタバタ、ドタバタ。

犬と4世代同居で暮らしている我が家へようこそ！

どうぞお茶でも飲みながら、ゆるりとお楽しみくださいね。

たまねぎ家の人々

ひとつ屋根の下に、親子4世代とスタンダードプードルの
愛犬と一緒に暮らしています。この本では、私たまねぎが、
7人+3匹の大家族の楽しい暮らしをご案内していきます。

空(くぅさん)

スタンダードプードル／ブラック／♂／お空組。とってもダンディで、いつも家族を見守ってくれる兄貴的な存在。

たまねぎ

孫と愛犬をこよなく愛する、孫バカ犬バカばんざ〜いなおばあちゃん。毎日ワクワクを探しています。

岳(がっくん)

スタンダードプードル／ホワイト／♂。お花畑の住人でいつも楽しそうに尻尾ぶんぶん、永遠のパピー。

陸(りっくん)

スタンダードプードル／ホワイト／♂／お空組。いつもニコニコ、子守りが上手で、まめちゃんと相思相愛。

バァバ

たまねぎのお母さん。いつもニコニコ孫と遊んでくれる優しいおばあちゃん。

大将

たまねぎの旦那くん。孫とわんこをこよなく愛し、家の雑務をすべてこなしてくれる縁の下の力持ち。

まめむぎママ

たまねぎの息子のお嫁ちゃん。明るくて愛情深く、たまねぎ家の太陽のような存在でみんなのママ。

まめむぎパパ

たまねぎの息子。畑作りからお料理、段ボール工作まで、なんでも作っちゃう物作りが大好きパパ。

むぎ（むーむ）

たまねぎの孫。まめちゃんの弟。お姉ちゃんが大好きで、剣と恐竜が大好きな、元気いっぱいやんちゃな男の子。

まめ（まめちゃん）

たまねぎの孫。ママのお腹の中にいたころからりっくんと交信し、わんこと共に育った心優しい女の子。

もくじ

1部屋目 暮らすこと

2部屋目 暮らすこと（お庭編）

3部屋目

食べること

4部屋目
行事を楽しむこと

5部屋目
育てること

⑥部屋目

犬と暮らすこと

1部屋目

暮らすこと

最初にご案内する部屋はリビング。ここに家族みんなの〝お気に入り〟が集います。大好きな雑貨やお花、わんこグッズ……居心地のいい場所を作り、おうち時間を楽しく過ごすアイデアやヒントが。キッチンの愛用品もご紹介します。

しろいうさぎとくろいうさぎ
バルバルさん
DOG

4世代同居の我が家。それぞれの好きなものや使いたいものなどが世代ごとに違うので、家の中は多種多様なもので溢れかえっています。

特に、家族が集うリビングは、みんなの「好きっ！」が集結。そこに愛犬のものまで加わり、何がなんだか状態です。よく見ると「こんなところにキャラものが！」とか「こんなところに和物が！」と、統一感がまるでないもののオンパレードです。けれど、そこはとても居心地が良く、いつも家族みんなを笑顔にしてくれる空間となっています。

実は我が家、部屋のあちこちに楽しいものが潜んでいます。天井に近い梁の上に小鳥たちが止まっていたり、巣箱にリスが入っていたり、窓からわんこが覗いていたり、トイレの蓋がわんこの顔になっていたり（笑）。

そして、家族の誰かがまたこっそりと、新しい〝楽しい〟を潜ませ、誰かが気がついてくれるのをワクワクして待っているのです。

家族が多く、もので溢れている我が家には、ひとつだけルールがあります。それは「使ったら必ず元の場所に戻す」ということです。爪切りでも子どもたちのおもちゃでも、すべてにおいてです。シンプルだけれど、とても大切なことであり、たったそれだけのことで家の中がスムーズに回ります。

部屋には、人もわんこも好きな時に好きな場所で好きなように過ごせるよう、椅子やソファーがあちこちに置かれています。それぞれ名前もついています。みんなの往来が見える窓の下にあるソファーは、「ただいまおかえりのソファー」。愛犬の空が大好きだった黒いベンチは「くぅさんの椅子」。

実は、愛犬を迎える前の我が家は、暮らしの大半がありきたりで、暮らすというより一日をこなすという感じでした。ものはいつでも行方不明。でも、犬と暮らすことがきっかけとなり、ルールや大好きを詰め込んだ毎日を送っていたら、いつしか〝こなす〟から〝暮らす〟となりました。

たまねぎ家へようこそ!

猛犬ならぬ〝毛犬〟注意のステッカーが貼ってある我が家の玄関は、訪れる誰もが「犬バカの家」だと気づいてしまう犬バカの極みとなっています(笑)。愛犬をモチーフにした粘土細工やブリキのWELCOMEわんこ。愛犬と一緒に遊ぶグッズを入れておくための入れ物。「誰か気がついてくれるかなぁ」と、あちこちに忍ばせたわんこのオブジェ。一番のお気に入りは、支柱が折れて使えなくなった風見犬。もう風の方向を指すことはないけれど、いつも幸せの方角に向いています。

毛犬注意
DISC

日向ぼっこの場所

犬は、家の中で一番気持ちの良い場所を知っています。玄関を抜けてすぐ、コーヒーの木の鉢植えも置いてあるリビングの一角。愛犬の寝ている南向きの陽だまりに一緒に横になり、「あ〜やっぱりここが一番気持ちいいね〜」なんて割り込んでいく私は、いつも愛犬にウザがられています。そして、いつしか孫たちもやってきて、みんなでわちゃわちゃ。

我が家の〝可愛いものたち〟が集まるこの陽だまりは、体だけでなく、みんなの心もぽかぽかにしてくれるのです。

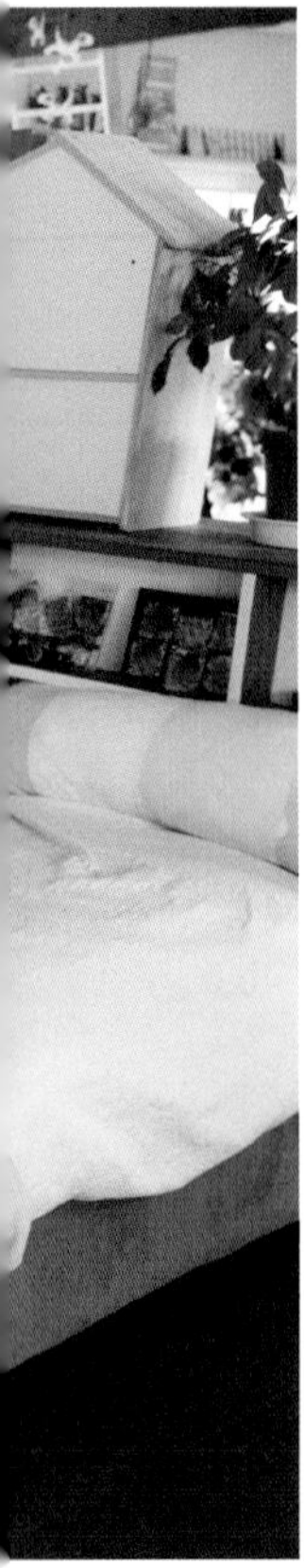

玄関が覗けるただいま
おかえりのソファー。

それぞれのソファーと椅子

我が家では、家族がそれぞれ好きな場所で過ごせるように、あちこちにソファーや椅子が置いてあります。玄関が見える窓際に置いてあるソファーは、家族の「ただいま」と「おかえり」が集まる場所。リビングを見渡せる場所にある椅子は、寂しがり屋の愛犬のために。

メインソファーは、家族のみんなが遠慮し合わずに座れるようにと大きいものを選んだはずが、大型犬3わんと孫たちのお昼寝スペースとして占領され、大人が入り込めないこともしばしば。毎日、ぐいぐい割り込みたい気持ちを堪えるのが大変です。

たまねぎ家のメインソファー。孫たちとわんこが揃うといっぱいに。

冬になると、ペットラウンジという犬用ソファーも登場します。

家族の好きなものが集う棚

とにかく棚が好き。色んなものを飾るのが好き。だから我が家は棚だらけ。そして小さいものが好き。わんこは大きいのにね（笑）。

スワッグに、小さな鉢植えに、バラエティ豊かな雑貨たちに、ポストカードに。ジブリキャラの指人形やガチャガチャの景品まで。みんながそれぞれお気に入りを飾り棚に収めています。

でも、お掃除が大変なの！　ここだけの話ね。

THE LABRADOR ADDRESS BOOK
THANKS
HAPPY DAYS
DOGS BRING HAPPINESS INTO YOUR LIFE
W.D.G. DOG BONE STORE
HAPPY SMILE
24 HOURS 7 DAYS
100% NATURAL RAWHIDE CLEAN TEETH AND GUMS
OH! MY GOD! I MISS YOU.
THANKS
THINGS THAT
Furbo
Analog Flying Disc
SING-SONG
BREA

犬友の犬服工房 mogmog factoryさん作の
黄色い絵本棚には、まめむぎの宝物がぎゅうぎゅう。

壁付けの飾り棚にスワッグを吊るして。
毎年ミモザの時期は家中ミモザだらけで幸せ気分。

玄関にも壁付けの棚とスワッグ。
隅にはわんこの足洗い用のレトロな手洗いを設置。

ミニカー用の陳列棚に、
ジブリの指人形をズラッと並べてニヤニヤ（笑）。

大好きな言葉入りのフォトを飾っているレターラック。
その日の気分で入れ替えています。

階段状の棚には、友達からもらった宝物の
リサ・ラーソンの黒白プードルと黒白ロディが。

お掃除の棚。お気に入りのほうきなど、チャチャッと
お掃除する時に使う相棒たちを下げています。

リビングとキッチンの間を仕切っている棚。
こちゃこちゃと色々なものを置くのが大好き。

好きなお花はチューリップ

お花が大好き。部屋の中にいつもお花を飾るようにしています。お部屋が明るくなることもいいけれど、何より家の中で四季を感じられるから。特に黄色い花が好きで、ミモザの季節にはフライングリースを天井の梁に吊るします。

私は家族にお願いしていることがあります。私が死んだら、棺の中は色々な種類のチューリップでいっぱいにしてね。家族には、「お願いだからチューリップの季節に召されてね」と。そりゃそうだ（笑）！

コンキュサーレという棘のない緑色の薔薇。
神秘的で一目惚れ。

お花屋さんでチューリップを見かけたら、
連れて帰らずにはいられません。

ミモザの中でも、葉っぱの丸い
パールアカシアが一番好き。

大好きなお花屋さんに、
「優しいお花を」とオーダーして作ってもらった花束。

西に黄色は金運が上がり、黄色は元気を呼ぶ色。
西向きの我が家の玄関には、黄色い花が多くなります。

フラワーロス（廃棄予定のお花）問題に心を痛めて
立ち上がった花屋さん、gugu flowerさんのお花たち。

カモミールにも似た、マトリカリアの花。
可愛くて可愛くて、ただ可愛くて。

母の日に買ったアレンジメントです。
自分へ「母のお役目ご苦労様」ってプレゼント（笑）。

黒白グッズと犬グッズは私の〝推し〟

黒と白の愛犬が好き過ぎて、黒白の雑貨を見つけるとつい仲間入りさせてしまいます。黒と白というだけで、もううちの子たちにしか見えません（笑）。

犬モチーフの雑貨も同様、出会うと胸が高鳴ります。これは恋ですね。そう、今でいう〝推し〟ってやつです。犬の形のホッチキスやクリップ、栓抜きなど、生活の中のありきたりな日用品まで
も、わんこづくし。

また、お友達などに作っていただいたうちの子のマスコットや編みぐるみなどのグッズも大小たくさんありますが、どれもこれも宝物です。犬バカグッズに囲まれた生活は、最高にクレージーでハッピーなのです。

お気に入りの雑貨

白い鳩時計は、子どもの頃から憧れていたもの。梁に並んでいる小鳥たちは鳩の応援団で、少しずつ仲間を増やしています。巣の中からリスも応援しています。

可愛い黒白プードルのソープディスペンサー。なんとお鼻から石鹸が出ます（笑）。思わず笑顔になりながら、何度も頭を押してしまいます。

小さい花瓶が好き。旅先でも可愛い子がいないか探してしまいます。どの子も可愛くて眺めているだけで幸せな気持ちになってしまいます。

我が家では“黒白＝うちの子”。真ん中の黒白白の置物は、福島の起き上がり小法師に愛犬の絵付けをしたものです。

SWIMMERのプードルの帽子かけ。黒白で、しかもうちの子たちのカットスタイルにそっくり！　ほっぺが超キュート！　ついつい頭をなでなでしてしまいます。

編みぐるみ作家のmike*mikeさんが作ってくれた孫と愛犬たち。他にもハンドメイド作家さんのマスコットや木彫りのうちの子たちがあちこちに。

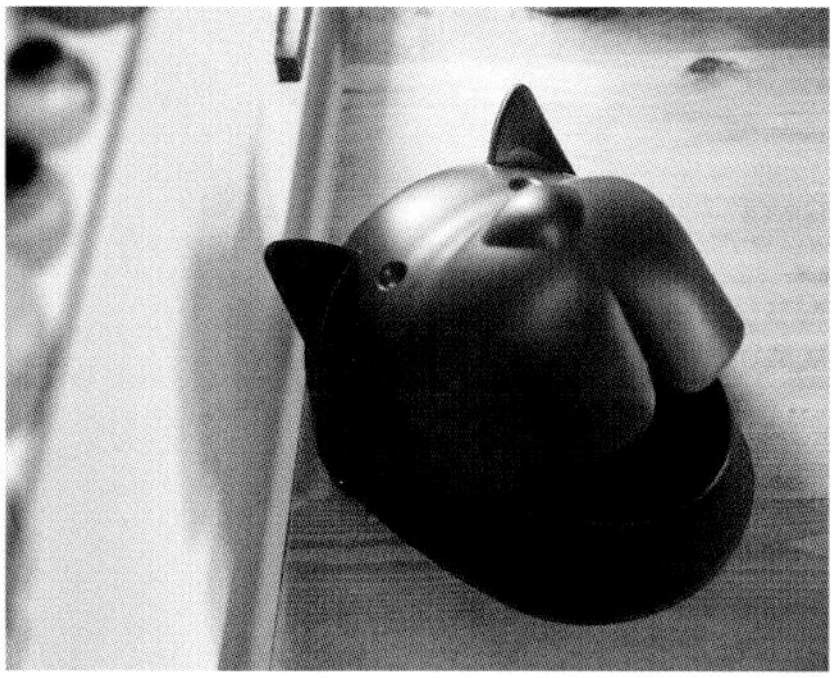

犬の顔のフード入れ。大きく開くお口がツボ。我が家では、わんこのケアグッズをまとめて収納しています。収納力もあるし見た目も可愛い♪　白も欲しいなぁ。

IKEAで買った犬のしっぽフックを2つ使って本を飾ってみました!　本はその日の気分で変えます。お尻が可愛くて、あちこちの壁に取り付けています。

奈良美智さんが大好き過ぎてグッズがいっぱい。「OH! MY GOD! I MISS YOU.」のポストカードを部屋のあちこちに貼り、見るたびに嬉しくなります。

アンティークプードル（左）と、栓を咥えてくれるわんこ（右）の栓抜き。うちの子にそっくりで思わずニヤニヤ。困ったことに栓を抜きまくりたい病に。

このポストカードは『人生はワンチャンス!』という本の1ページ。わんこの写真と言葉にジーンとしたりクスッとしたり。切り取って飾れます。

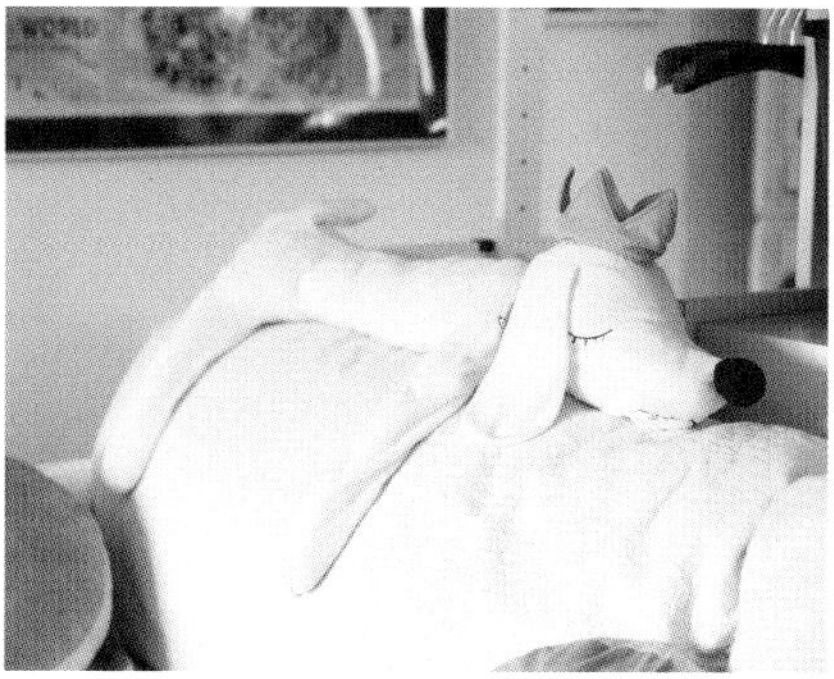

奈良美智さんの作品から生まれたキャラクター・Pup King。ある日、娘がPup Kingのぬいぐるみをおんぶして帰ってきて、家族みんなでびっくり（笑）。

家の中で一番長く過ごす場所

キッチンは、私が日中のほとんどを過ごす場所。朝昼夕のごはんの準備におやつの準備、常備菜を作ったり、季節の手仕事をしたり。愛犬のためのごはんもここで作ります。だからこそ、使っていて心地のいいものや便利な道具で揃えたい。特に気に入っているキッチン用品とそれらへの愛は、次のページでご紹介させていただきます。

そしてキッチンのテーブルは、おやつを食べながら孫のまめちゃんとむーむの心の中が覗ける場所でもあります。今日も幼稚園帰りの二人の話に耳を傾けます。

キッチンの愛用品

曙産業の「炒めシャモジ」は薄さとサイズ感がベストなヘビロテアイテム。炒め物だけでなく、よそったり切ったり、いつも大活躍です。買い置きも欠かせません。

栗の木のハンドルが温かい「KONO式ドリッパーセット」。お湯を注ぐと三角錐の真ん中でコーヒー豆がフワッと膨らみ、いい香りを漂わせます。

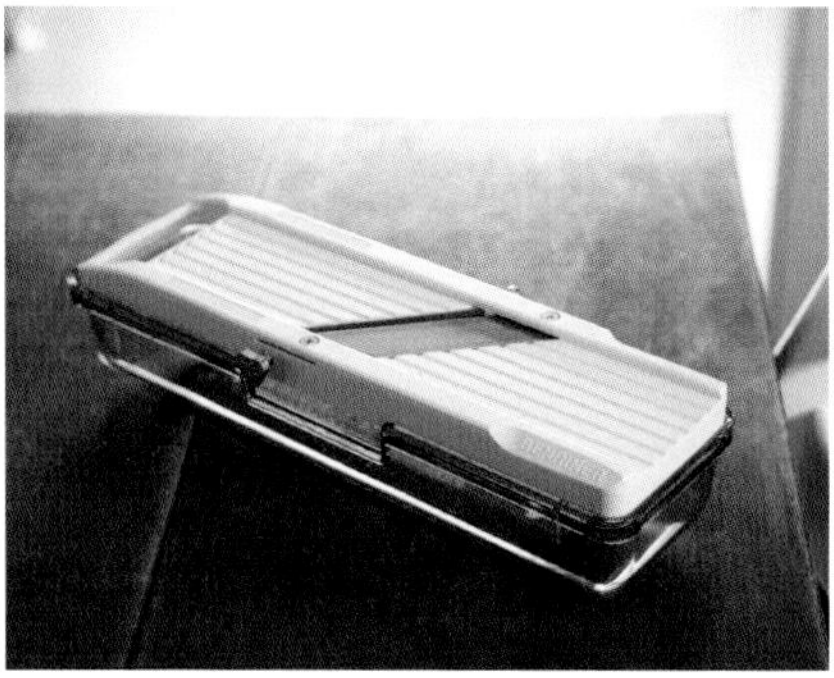

万能スライサー「ベンリナー」。厚さをネジで調整でき、交換歯の種類によって色々な切り方が楽しめます。本当にびっくりするほど切れます。

コーヒーが大好きな我が家の朝は、カリタのコーヒーグラインダー「ナイスカットG」で豆を挽く音と、挽きたてのコーヒーの香りで包まれます。

récolteのフードプロセッサーは、みじん切りやペースト、大根おろしやメレンゲもできる1台7役の優れもの。我が家では愛犬のごはん作りにも大活躍。

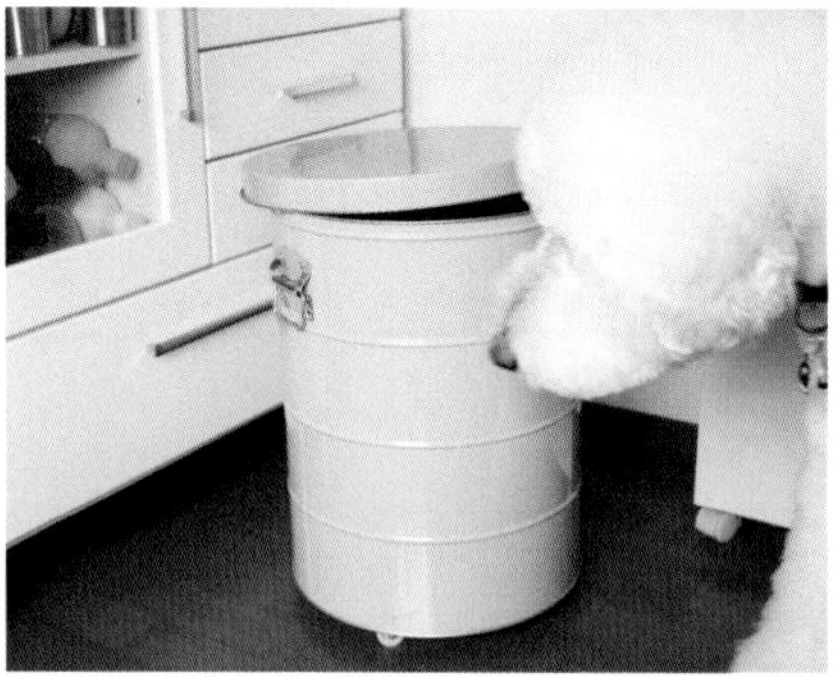

精米してきたお米は、オバケツの米びつ缶「ライスストッカー」へ。トタン素材なので外気の影響を受けにくく、お米の鮮度や美味しさをキープしてくれます。

勅使河原さん目立ての「銅おろし金」（左）は2年待ちで購入。食材の組織を必要以上に壊さずおろせます。「エバーピーラー」（右）で切った食材は切り口がピカピカ。

食器や茶器も大好きで、ITCHU-DO（壱鋳堂）の南部鉄器のティーポット「胡桃」は特にお気に入り。トリベット「六花」が一層可愛さを引き立たせてくれます。

我が家の可愛いケトルたち。左から順に、山形鋳物の鉄瓶×木のハンドルの「ティケトル」、ハリオの「ドリップケトル」、ダッチウエストジャパンの「レトロホーローケトル」。

STAUBの「ピコ・ココット28cm」。約7kgと重たいけれど、蒸気→凝縮→水滴化を繰り返し、お料理を柔らかく美味しく仕上げてくれます。無水調理もOK!

大きい餅つき機はなんだか仰々しいと、3合用の「つき姫（みのる産業）」をお迎えしました。美味しいお餅やおこわがあっという間に作れちゃいます。

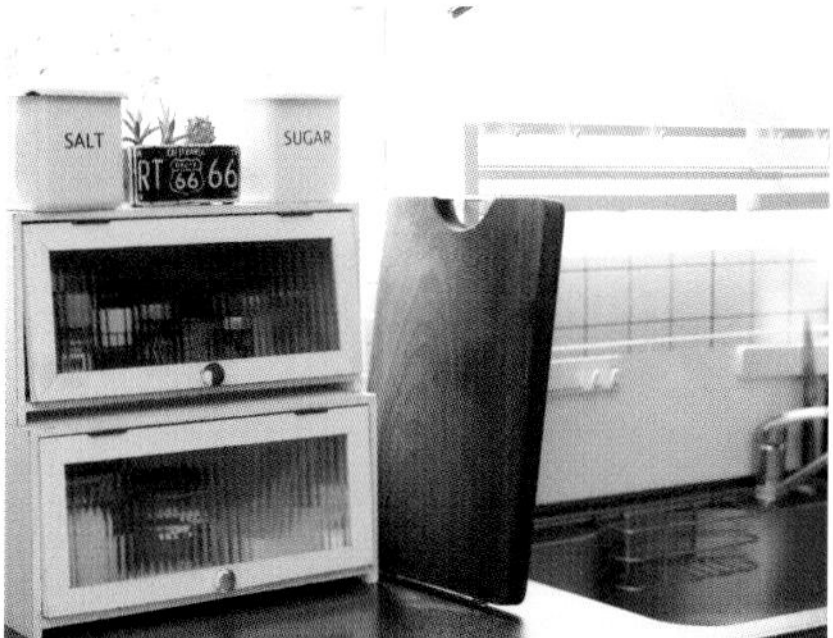

木製のまな板が好き。包丁のあたりも柔らかく、長時間切っていても手が疲れにくく、何よりトントンという音がとても心地がいいんです。

2部屋目

暮らすこと（お庭編）

たまねぎ家には、「ガーデン」と名付けた中庭と、玄関脇の小さな庭——ふたつの庭があります。ほどよく気楽に楽しむガーデニング、美味しい野菜が採れる家庭菜園、ベリーが美味しい果樹たち。毎年夏はバーベキューも定番のイベントです。

リビングに通じるその庭は、愛犬たちのために作った庭でした。硬い土を耕し、ゴロゴロ石を片付けて、五百ポットのヒメイワダレソウの苗を一つひとつ家族みんなで植えました。

やがてふかふかの絨毯のような緑となり、一面に白い小花が咲き誇り、愛犬たちのいい遊び場となりました。

我が家に最初の孫であるまめちゃんが生まれました。すると不思議なことに、庭一面に黄色い小花が咲くようになりました。そして、まめちゃんの弟のむーむが生まれると、今度は青い小花が一面に咲くようになりました。雪深い地域の我が家。毎年、雪解けを迎えると庭は緑になり、続いて青、黄、白に変化を見せてくれます。

愛犬たちのために作った庭は、孫と愛犬と、ちょっとだけトマト畑のための庭となりました。季節のいい頃はバーベキューをしたり、水遊びをしたり、ピザを焼いたり。冬にはたくさん積もった雪で迷路を作って遊んだり。

もうひとつの庭は、家の玄関脇にあります。その小さな庭には、色々なハーブがワサワサと生えていて、風が吹くといい香りを楽しませてくれます。孫たちと一緒に収穫してお料理に使ったり、ハーブ水を楽しんだりしています。

奥には、実がなる木だけを植えてある花壇があります。初夏には、家族総出でマルベリー、ブラックベリー、ラズベリーの収穫でおおわらわです。

イチゴが大好きな我が家。今、イチゴの苗を増やすことにハマっています。今年はきっとたくさんのイチゴが私たちを笑顔にしてくれることでしょう。

こうして、自分たちの手で摘んだ木の実や果物を食べるということは、育てる大変さ、収穫する喜び、美味しいと感じる幸せ、それらすべてを食べるということなのだと思います。そして体だけでなく心にもたくさんの栄養を与えてくれます。

大好きなことが詰まっているこの庭は、今日も愛犬と孫たちの笑い声が響いています。

ほどよい距離感で楽しむ庭作り

可愛い可愛いとお迎えした植物が、プランターや植木鉢にどんどん増殖していく我が家。地植えにしたいのだけれど、ターシャ（世界的に有名なガーデナー）の庭にしたいのだけれど、いかんせん、ズボラな私。たまに草取りをして、たまにお世話をして。植物とはそんな距離感を楽しんでいます。

そして、放っておいてもハッと気がつけば綺麗な花を咲かせてくれる植物たち。鳥が種を運んできてくれたのか、植えた覚えのない花も咲いてくれています。植物ってすごいな。自然ってすごいな。いつも綺麗なお花を見せてくれてありがとう、と思って日々暮らしています。

夏になると、家族でペンキを塗った庭の柵に夏雪カズラが穂状に花柄を伸ばします。

玄関前にあるパパ作の小屋の前でアイスクリーム。

玄関前の鉢植えの中央にいるのは風見犬。

庭にキジが遊びに来ていた！色々な鳥や猫ちゃんが集まってくる平和な庭です。

花々の色の変化を楽しむ庭

6月になる頃、白い花が次々と開花します。一面に白い小花を咲かせるヒメイワダレソウ（P.41）、次に自生の珍しい八重のドクダミ、実家から持ってきたカシワバアジサイ、大好きなアナベル。お庭全体が真っ白な花で包まれます。夏に向かって花壇にはピンクのツルバラが咲き誇り、秋は真っ赤なコキアが玄関周りを華やかにしてくれます。コキアが赤から茶色に変わったら、孫とほうき作りを楽しみます。

八重のドクダミ。

実家から株を持ってきた
カシワバアジサイ。

ハナミズキは英名「Dogwood」、つまり〝犬の木〟。ここでも犬バカが隠しきれません（笑）。

西洋紫陽花ハイドランジアの
「てまりてまり」。

ツルバラは、くぅさんのトレーナーの先生から分けてもらったもの。

白くて丸いアナベルは、一番好きな紫陽花の品種です。

トトロの森に憧れて植えた、
どんぐりのなるシラカシ。

小さな家庭菜園・まめちゃんファーム

〝まめちゃんファーム〟と名付けた小さな家庭菜園で採れるお野菜や果物は、完全無農薬。お日様をいっぱい浴びて育っているので味が濃くてとても甘く、みんなでつまみ食いしながら収穫するトマトやきゅうりやベリーは最高に美味しいのです。カラフルなピーマンは、甘塩っぱく炒めたものがみんなのお気に入り。とうもろこしの赤ちゃん、ヤングコーンもヒゲをつけたまま焼いて食べます。

辛い辛い赤唐辛子は、一味や初冬に収穫する白菜で作るキムチ漬けのために。たくさん収穫した白菜は雪の下に埋めて保存します。雪の下で甘い甘い白菜へと熟成してくれるのです。

トマトやきゅうり、ピーマンを孫たちと収獲。マルベリーやブラックベリー、ラズベリーの花壇もあります。

中庭は、外での余暇時間

我が家の庭はいつも笑顔でいっぱい。みんなでバーベキューをしたり、ピザを焼いたり、芋煮会をしたり。夏は水遊びを楽しみ、冬は雪の迷路やかまくらを作ります。

ユーカリやオリーブの木に囲まれたこの庭は、一年中私たちを楽しませてくれます。食べて遊んで、時にはハンモックに揺られながらのんびりと。

(上)夏はビニールプール
で水遊び。
(下)秋はパパが作ってく
れた芋煮。薪は庭のユー
カリを切った枝です。

チムニーのピザ窯。まめ
ちゃんファームのトマトで
作ったトマトソースたっぷ
りのピザをここで焼き上
げます。

雪国の暮らし

冬の朝、カーテンを開けると真っ白な銀世界に。まめむぎとわんこたちは大はしゃぎ。大人は雪かきを思いどんよりですが（笑）、やっぱり雪は楽しい！　庭に積もったたくさんの雪で、かまくらや迷路、雪像を作ってみんなで遊んだり、軒先の太くて長い氷柱を次々と落としたり。車で秘密の雪原に行って、そり遊びや雪合戦をして、雪に思いっきりダイブ！　そして、何回見ても綺麗だな～と見とれてしまう静かな銀世界。

雪国の暮らしは厳しくて大変だけれど、雪国ならではの遊びや美味しいものがたくさんあるから頑張れるのだなと思います。

3部屋目

食べること

たまねぎ家の〝食〟は、「丁寧な暮らしを楽しむこと」を大事にしています。お庭で採れた野菜やベリーはもちろん、旬の食材や地元の食材を中心にした食卓。季節の手仕事、行事食、日々のおやつも孫たちと手作りを楽しみます。

これを話すと驚かれることも多いのですが、まめちゃんとむーむは、わんこごはんを食べて育ちました。

私は愛犬たちに手作りのごはんをあげています。旬の野菜と肉、魚などを煮て、ごはんにかけたり炒めたりするだけのシンプルなごはんです。地元の有機野菜を作っている農園から届く採れたての野菜で作るごはんは、一つひとつの野菜の味が濃くて甘く、本当に美味しいのです。味見の際、つい「おいし〜〜」と声が出てしまいます。

その愛犬のごはんを孫たちに取り分け、離乳食としていたのです。こうして育った二人も、今では幼稚園に通う歳となり、お庭で育てているきゅうりやトマトを「美味しい美味しい」と、丸かじりするワイルドな子どもに成長しました。

私が大切にしていることのひとつに「丁寧な暮らしを楽しむ」というものがあります。これが簡単なようでとても難しいのです。背伸びをせず、自然体で行ってこそなのだなぁとあらためて感じています。

「丁寧な暮らしを楽しむ」という中で行っていることがあります。それは季節の行事、郷土料理や手仕事を大切にすることです。年末にはおせちを作り、みんなで新年を祝います。七草粥、納豆汁、鏡開き、味噌作り、よもぎ餅作り、梅干し漬け、甘酒作り、芋煮作り、などなど。毎年、まめちゃんとむーむにも手伝ってもらい、楽しみながら行っています。

我が家の庭には小さな畑がありますが、その畑の始まりは「自家製のトマトソースで作ったピザが食べたい！」という一言でした。畑を作り、トマトの苗を植え、真っ赤に完熟したトマトでトマトソースを作りました。粉を捏《こ》ねてピザ生地を作り、自家製トマトソースを塗り、チーズとベーコンをのせて、ピザ窯で焼いて。最後にハーブ畑から採ってきたバジルをのせて出来上がり！最高に美味しいピザの完成です。採りたてトマトで作るトマトジュースも家族みんなの大好物。

どうやら我が家は、食べることが大好きな食いしん坊の集まりのようです。

四季を楽しむたまねぎ家の食卓

朝、玄関を開けると、そこにはたくさんの野菜や山菜やキノコがもりもりと置かれています。ご近所さんの畑で採れたお野菜や山で採ってきたもののお裾分けです。それら旬の野菜は太陽と大地の恵みをいっぱいに受けて育っているので、味が濃くて甘くて食べると体が喜ぶのがわかります。

食べることが大好きな我が家には、季節ごとに〝これがなくちゃ始まらないごはん〟があります。

春は、こごみ、タラの芽、コシアブラ、わらび、数えきれないほどたくさんの種類の山菜料理。特に好きなのはタラの芽の天ぷら。そして、筍汁。山からリュックいっぱいに採ってきた笹竹で作ります。

夏は、夏野菜を細かく切って納豆昆布と混ぜ、「味マルジュウ（P.77）」で味をつけた郷土料理の

「ダシ」。

秋は、「もってのほか」という名前の山形特産の食用菊のおひたしや菊飯、キノコ料理や栗ご飯。そしてみんな大好きソウルフードの芋煮。

冬は、青菜漬けやおみ漬け、庭の雪の下に貯蔵していた白菜で作るトロトロ白菜鍋に、これまたみんな大好き山形名物ひっぱりうどん！ ゆでた鍋から直接アツアツのうどんを引っ張って、納豆、鯖缶、ネギなどが入った特製ダレにつけていただきます。

家族みんなで旬のものを楽しむ日々がたまらなく幸せで、孫たちにも旬を楽しむことを大切に育ってほしいと願っています。

ある日の一皿

釜揚げしらすを
好きなだけのっけ丼。

ご飯、汁、煮物、
炒め物、天ぷら、全部筍。

ガリが食べたくて作った
新生姜の甘酢漬け。

秋めし。大好きな
栗ご飯が主役です。

なすの瓶漬け。
意外と簡単に作れます。

山形名物の芋煮!
秋はこれでしょ!

はらこ飯。いくらの
醤油漬けはほんのり甘く。

ピクニックの撮影に。
まめむぎ用のお弁当。

山形の七草の日。
七草粥と納豆汁で。

ピザ釜始動!
生地もソースも手作り。

ナンカレー。昨夜のカレーに
豆腐を入れて。

まめちゃんが作った
ぬか漬け。

作家の宇田令奈さんの
土鍋が使いたくて。

我が家のひな祭りは
ちらし寿司です。

まめちゃん用の
小トトロの可愛いお弁当。

まめむぎと作った
手打ちうどん。

パパママと一緒に
深夜の辛ラーメン。

ホットサンドメーカーで
焼きたて!

〝家の味〟を作る手仕事

手の常在菌と家の菌によって、その家の味が作られます。なんて面白いのだろう。そう思ったのが、私が〝手作り〟に引き込まれた最大の理由でした。作れるものはなんでも作ろう。作ることにより、季節を感じることもできます。作ってみて初めて知ることもたくさんあります。

味噌、梅干し、梅ジュース、果物のジャム、ぬか漬け、季節の野菜の漬物、ピクルス、納豆、甘酒、小豆麹、醤（発酵調味料）、生酵素などなど、他にも色々と一年を通じて、〝家の味〟を作る手仕事を楽しんでいます。

梅仕事

梅の季節になるとワクワクそわそわ。「今年は梅で何を作ろう？」「梅干しは2％減塩して作ろうかしら？」梅干し作りは孫たちと行います。ヘタを取ったり洗ったり、おしゃべりしながらの楽しい時間。作業中、ネガティブだと美味しくない梅干しに、笑顔で楽しく作ると美味しい梅干しになるのだそう。我が家の梅干しが美味しいのは孫たちの笑顔のおかげのようです。

味噌作り

味噌作りも孫と楽しみます。大豆を柔らかく煮て潰し、麹と塩と混ぜ、それを丸めて味噌団子を作ります。孫たちはこの作業が大好き。泥団子で慣らしたその腕は、手際よくまん丸な味噌団子を作っていきます。そして「美味しくなれ！　あはは！　美味しくなれ！」と味噌桶に投げ入れます。笑い声をいっぱい含んだ味噌玉は、美味しい美味しい味噌へと変身します。

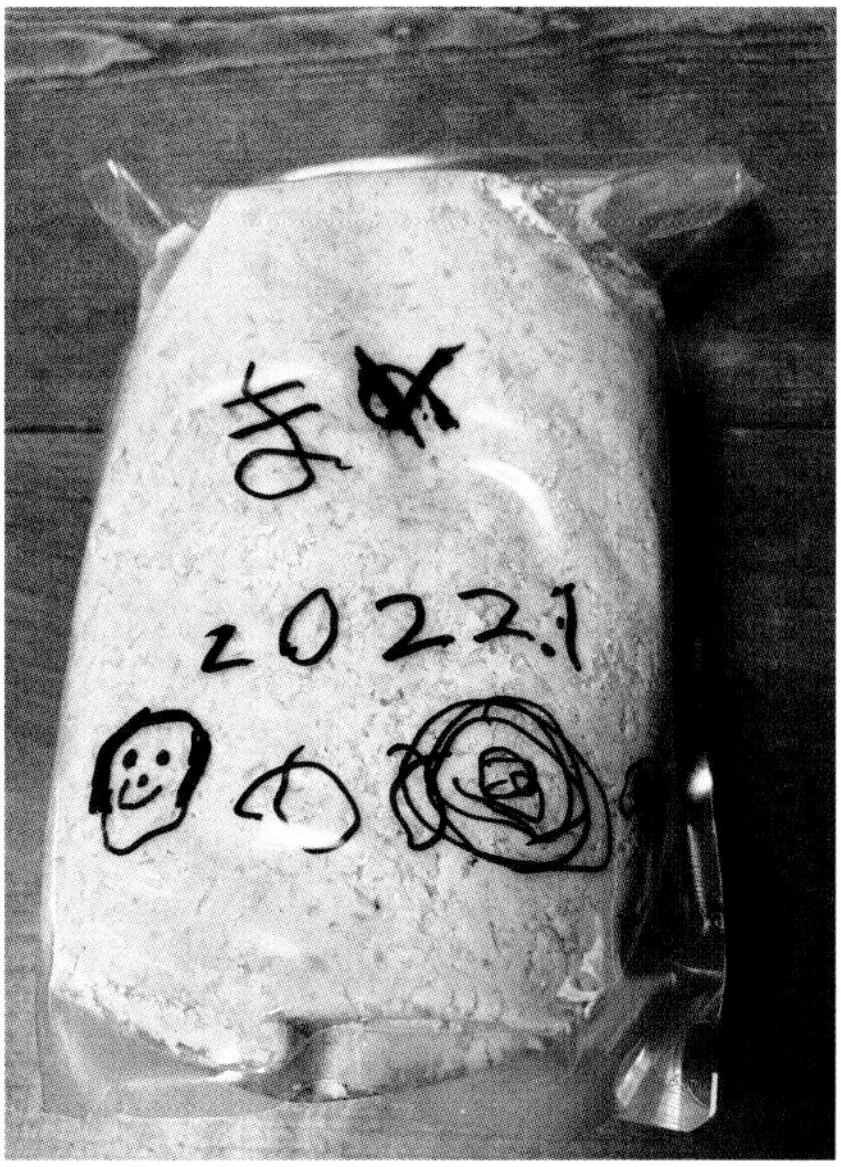

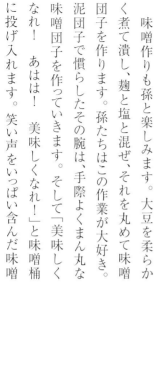

フルーツソース

朝食に必ず食べるヨーグルト。ベリーの季節に、そのヨーグルトのためのソースを作ります。イチゴ農園さんの朝摘みイチゴで作ったり、庭にあるラズベリー、マルベリー、ブラックベリーの木から収穫した実で作ります。庭のベリーの木はヨーグルトソースのために植えたものなんです。てんさい糖とレモンを入れ、煮詰めないよう気をつけて。

発酵あんこ作り

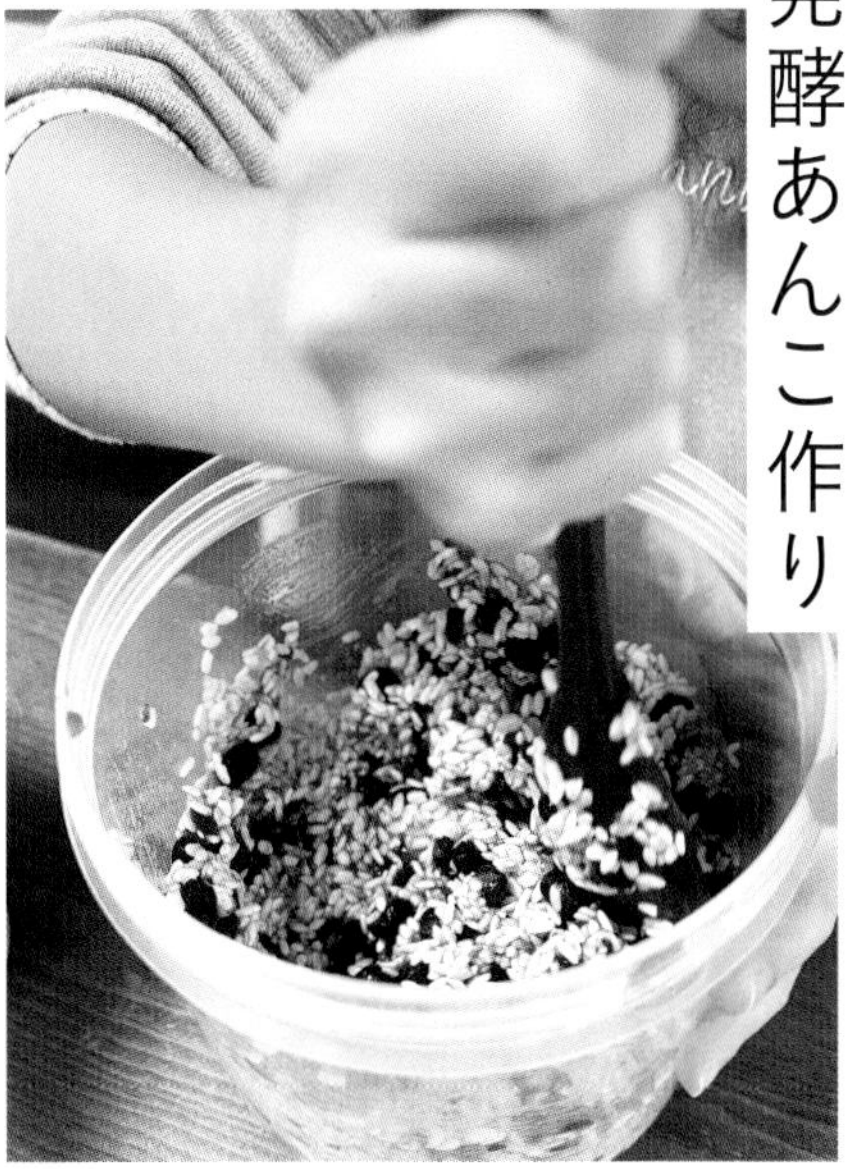

お砂糖を使わずに、小豆の水煮と米麹だけで作るあんこです。甘い味の材料を入れていないのに、混ぜて発酵させると甘く変化するって、とっても不思議だなぁと思います。麹の力、発酵の力に感動！　体にもいいし、何より罪悪感なしで食べられるし（笑）、トーストにたっぷり発酵あんことバターをのせて！　愛犬たちにも少しだけお裾分けできるのが嬉しい。

ぬか漬け

孫のまめちゃんが小さい頃に「何か一緒に作れないか？」と考えて始めた、ぬか漬け。基本のぬか床の管理は私が行い、まめちゃんはぬかを混ぜ混ぜしてお野菜に塩をつけ、ぬか床に入れる係をしてもらいました。苦手な野菜もぬか漬けにすると、美味しいと食べてくれます。自分で作る、自分の作ったものを食べてもらう。ぬか漬けがいい食育のスタートとなりました。

三時のおやつタイム

孫たちのおやつは三時に一回。その日の気分によって本人たちが決めます。果物だったり、市販のグミやスナック菓子だったり。昔懐かしい小豆をフリーズドライしたとっかん小豆やラムネなどもよく食べます。ルールはひとつ。一日一種類まで。

お休みの日は、一緒におやつ作りをします。ポップコーンやアップルパイ、パフェ、たこ焼き、ポテトチップなど。作る楽しさもですが、「こんなふうにできていたんだ」と知る楽しみもあります。一緒におやつの時間を楽しみながら、孫たちのおしゃべりに耳を傾けるこの時間が大好きです。

●この本をどこでお知りになりましたか?(複数回答可)

1. 書店で実物を見て　　2. 知人にすすめられて
3. SNSで(Twitter:　　Instagram:　　その他　　)
4. テレビで観た(番組名:　　)
5. 新聞広告(　　新聞)　　6. その他(　　)

●購入された動機は何ですか?(複数回答可)

1. 著者にひかれた　　2. タイトルにひかれた
3. テーマに興味をもった　　4. 装丁・デザインにひかれた
5. その他(　　)

●この本で特に良かったページはありますか?

[　　]

●最近気になる人や話題はありますか?

[　　]

●この本についてのご意見・ご感想をお書きください。

[　　]

以上となります。ご協力ありがとうございました。

お手数ですが
切手を
お貼りください

郵便はがき

1 5 0 - 8 4 8 2

東京都渋谷区恵比寿4-4-9
えびす大黑ビル
ワニブックス書籍編集部

お買い求めいただいた本のタイトル

本書をお買い上げいただきまして、誠にありがとうございます。
本アンケートにお答えいただけたら幸いです。
ご返信いただいた方の中から、
抽選で毎月５名様に図書カード（500円分）をプレゼントします。

ご住所　〒

TEL（　　　-　　　-　　　）

（ふりがな）
お名前

年齢
歳

ご職業

性別
男・女・無回答

いただいたご感想を、新聞広告などに匿名で
使用してもよろしいですか？　（はい・いいえ）

※ご記入いただいた「個人情報」は、許可なく他の目的で使用することはありません。
※いただいたご感想は、一部内容を改変させていただく可能性があります。

パンケーキ

そうだパンケーキを作ろう！　ちょっと焦げたけど気にしない！　トッピングはどうする？　冷蔵庫の中を物色。あれもいいなこれもいいな、全部のせちゃおう！

イチゴケーキ

まめちゃんが初めてケーキを作りました。スポンジを焼いて横に切って、生クリームと果物を挟んだら、外側もイチゴとバナナでデコレーションして完成！

アップルパイ

リンゴをたくさんいただいて、アップルパイを作ることに。刻んだリンゴにてんさい糖とレモンを加えて煮詰め、パイシートで包んで焼いたら出来上がり♪

イチゴパフェ

無性にイチゴパフェが食べたくなって、急きょ思い立って作り始めたパフェ。まめちゃんがみんなの分を作ってくれました。最高に美味しかった!

〝たまねぎ家のコーヒー〟を夢見る

まめちゃんが、豆を挽き、栗の木のハンドルのドリッパーでみんなにコーヒーを入れてくれます。

コーヒーが大好きな私たち家族。コーヒーの木を育て、実をとり、焙煎して、たまねぎ家の自家製コーヒーまで作ってしまいました。ワクワクしながら飲んだその味は、観賞用のコーヒーの木だったこともあってか、決して美味しいものではありませんでした（笑）。なので、美味しいコーヒーが飲みたいと、現在、新たに飲料用のコーヒーの木を育て始めました。

夢は広がります。楽しみ楽しみ。

egregio
LITTLE M
MOOMIN

家族のお気に入りの味

食べることが大好きな我が家は、変わった食材や新しい調味料を見つけるとワクワクドキドキ。「このお塩はどんな味がするのだろう？　まろやかなのかな？　尖っているのかな？」「おっ！　初めて聞く名前の香辛料だぞ。どんな香りがするのかな？」「この野菜の綺麗なこと！　どんな食感なのかな？　生で食べるのかな？　火を入れた方がいいのかな？」

こうしてたくさんの〝美味しい〟と出会い、お気に入りの味が増えていきます。

本みりん 黄金蜜酒 / 株式会社鈴木酒造店長井蔵

地元の酒蔵が作る濃醇な甘みのある本みりん。これを使うと煮物をはじめ、いつもの料理が１段美味しく仕上がります。“ここぞ”という時に使っています。

塩屋の天塩 / 太陽福祉会 菜の花作業所

海水を大きな釜で薪炊きした手作りの天然塩は、粉のように真っ白でミネラルたっぷり。優しくてまろやかな味がお気に入りで、お漬物や梅干し作りに欠かせません。

純米富士酢 / 株式会社飯尾醸造

漫画『美味しんぼ』に載ったお酢で、まろやかかで旨味が強く、お料理に旨味とコクを与えてくれます。孫たちもこのお酢の酢の物が大好き。

からふと屋の頑固 純かにみそ / からふと屋

伯父が毎年、送ってくれていた思い出の味。甘めのお味噌に蟹のほぐし身がたっぷり入っています。温かいご飯にのせると、ついついおかわりしてしまうほど。

味マルジュウ / 株式会社丸十大屋

山形では一般的に使われている出汁入り醤油です。醤油代わりに使っています。山形名物芋煮もひっぱりうどんも、味マルジュウを使って作ります。

淡路島産ソルティ玉ねぎ / 有限会社三野青果

塩を使って育てた淡路島特産の新玉ねぎで、一度お取り寄せして以来、その美味しさが忘れられません。スライスして生のまま食べたり、酢漬けにして食べます。

4部屋目

行事を楽しむこと

たまねぎ家は行事やイベントが大好き！　お正月には着物を着て、七夕は庭のユーカリで七夕飾りを作り、誕生日はお部屋を飾り付けてケーキでお祝い。メインイベント・ハロウィンの記録もご紹介します。

私は、日本古来より続く季節ごとの行事を楽しみながら、四季を感じることが好きです。孫たちが日本の文化や伝統に触れ、それらの由来や意味を知るいい機会となり、次世代へ引き継がれていけば良いなぁと思っています。また、ハロウィンのようにすっかり定番と化した海外の行事も大好きで楽しんでいます。ずっとそうして暮らしてきたせいか、季節の行事が近づくと、家族みんなそわそわし始めます。「楽しいことは全力で楽しむ！」がモットーの我が家。季節の行事にも全力です。

節分には可愛い鬼のための衣装や小物を家族総出でせっせと作り、ひな祭りにはママの子どもの頃のお下がりの着物をまめちゃんが着てお祝いします。イースターは卵に絵を描き、五月の節句にはパパがむーむに段ボールで鎧兜《よろいかぶと》を作り、七夕はみんなで七夕飾りを作り、庭から切ってきたユーカリの枝に飾り付け、五色の短冊に願いを込めます。お月見にはお団子を丸めます。

中でも、ハロウィンは一年に一度のお祭りのようになっています。もはやハロウィンではなくジブリの仮装大会です。毎年、ハロウィンが近くなると家族会議が始まります。「今年のテーマは何にするか?」「どんなセットを作るか?」「配役はどうするのか?」

色々な意見と大笑いが飛び交う中、どんどん決まっていきますが、一番頭を悩ませるのは配役です。ありきたりじゃ面白くないので、ひと捻《ひね》りもふた捻りもします。もちろん愛犬の空、陸、岳にも配役が当てられます。

セットや小物などはパパが得意の段ボール工作で超大作を制作。衣装や小物はママが。私は小物の手配や衣装作りの手伝いや愛犬たちの服作りを。大将はみんなのサポートを。バアバはまめむぎの子守りを。あーでもないこーでもないと、より完成度が高いものを目指します。

すべて仕上がり、いざ本番! まめちゃん、むーむ、愛犬たちの仮装のあまりの可愛さに、大人たちは毎回「可愛い〜」を連発、写真を撮りまくり。親戚や友人に写真を送りつけ、それでも事足りずにSNSに投稿。親バカ、孫バカばんざ〜いを楽しんでいます。

お正月

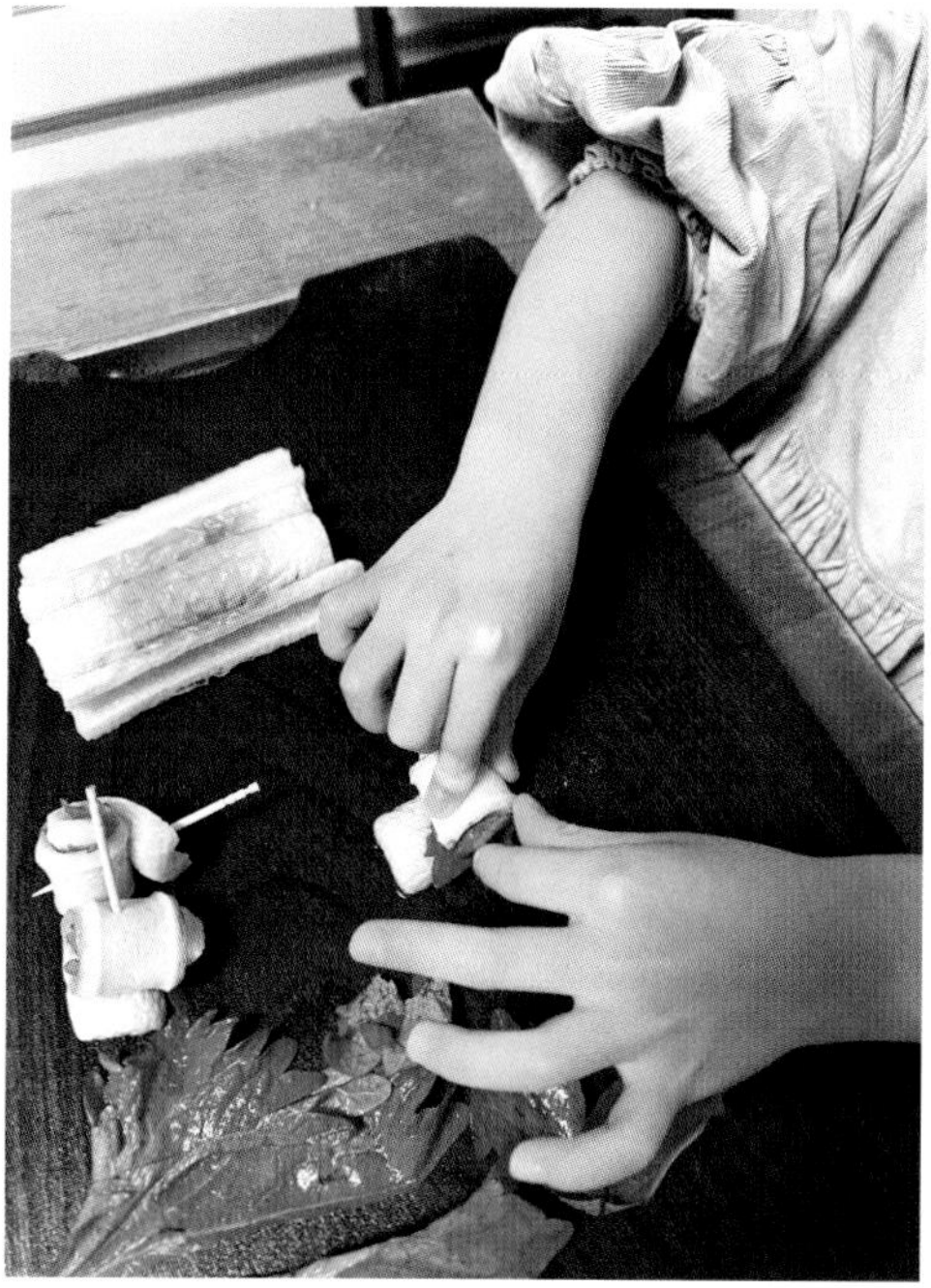

右の写真は、まめむぎのいとこにあたる「ゆーゆ」がお正月に帰省してきたときの一枚。まめちゃんと陸、岳も着物を着てパシャリ。お正月と言えばカルタも。おせちは、まめちゃんと二人で作りました。ずっと娘（ゆーゆのママ）と一緒におせちを作りたいと思っていましたが、その当時は忙しくて叶わなかった夢。今こうして、孫と一緒におせち作りをできることが本当に嬉しいのです。来年もそしてその次の年もずっと続きますように。

節分

節分には、厄除けに庭の柊南天《ひいらぎなんてん》でスワッグを作り、「鬼はそと〜福はうち〜」とにぎやかに家中に豆をまいて歩きます。時々「福はそと〜鬼はうち〜」と間違ってしまい、心配する孫たちが可愛くて。最後に豆を拾い集め、「年取り豆」といって、年の数よりひとつ多く豆を食べます。来年も健康で幸せに過ごせますように、と願いを込めて。

ひな祭り

我が家のお雛様は、木目込み人形「真多呂人形」の立ち雛です。お顔が少し下膨れなところが可愛く、まめちゃんに似ています。毎年ひな祭りは着物を着て〝なんちゃってお茶会〟で祝います。お花は、桃の花ではなく山形名産の啓翁桜《けいおうざくら》を飾ります。お茶菓子は、道明寺、うぐいす餅、ひなあられ。まめちゃんのたてたお抹茶はどんなお味かな?

イースター

キリストの復活祭・イースター。我が家はキリスト教徒ではありませんが、イベントのひとつとして楽しんでいます。卵に好きな色をペイントしたり絵を描いたり。イースター・バニーと『不思議の国のアリス』の白うさぎはなんの関係もありませんが、〝うさぎ〟つながりということでアリスの仮装が毎年の定番です。

五月節句

5月5日の端午の節句には、毎年パパが活躍。むーむのために段ボールで甲冑《かっちゅう》と刀を作ってくれます。刀にハマっているむーむは大喜び。「今年はどんな甲冑なんだろう?」と家族みんな楽しみにしています。設計図はパパの頭の中に。五月人形も、雛人形と同じく木目込み人形「真多呂人形」のものです。

七夕

竹がないのでお庭のユーカリが笹の代わり。先端の方の笹の葉っぱに似た部分を使っています。パパとママが七夕飾りを作り、まめちゃんとむーむ作の折り紙も飾り付けて、短冊に願いを込めます。二人とも、とっても真剣に願い事を書いています。驚くことに、今までほとんどの願いが叶っているんです。

お盆

毎年、お盆には「迎え火」と「送り火」をして先祖を迎え送ります。アウトドア用の焚火台で、燃やしているのは伐採したユーカリの枝。お供えのぼた餅もまめちゃんと一緒に作りました。もち米を〝半殺し〟にして、「アチアチ!」と言いながら丸めて、あんも手作り。人気の味は、あんことずんだです。

誕生日

この日はむーむの4歳の誕生日。お誕生日はみんなで、バースデーソングを歌ったり、ケーキを食べたりしてお祝いをします。もちろん、わんこたちの誕生日もお祝いしますよ。わんこ用のケーキは、まめむぎと一緒に手作り。大好物のごはんを食べられて、欲しかったものも買ってもらえて、最高な一日です。毎日誕生日だったらいいのに!

ハロウィン

我が家のお祭りの日。ハロウィンにのっかって、家族みんなで大好きなジブリ仮装を楽しみます。作戦会議を繰り返し、何の仮装をするか決めます。決める際の基準は、段ボールで何を作るか？　「今年はハウルの城が見たい！」「ロボット兵に会いたい！」そんなふうにテーマ作品を決め、名場面の名台詞を言いながらみんなで準備を進めます。

『ハウルの動く城』（2020年）と
最新作の『風の谷のナウシカ』（2022年）。

上段右から『千と千尋の神隠し』（2021年）、
『となりのトトロ』（2018年）、『もののけ姫』（2017年）。

今までやってきたのは、『もののけ姫』『となりのトトロ』『天空の城ラピュタ』『ハウルの動く城』『千と千尋の神隠し』……年々クオリティが上がっているかも？　ちなみに、みなさんによく、作った作品はどうしているのかと質問をいただくのですが、ハロウィン翌日には壊してしまいます。

クリスマス

家中クリスマス一色に!
ワクワクしながら飾り付けを楽しみます。

サンタさんがやってくる日。今年はどんなプレゼントを持ってきてくれるのかな？ サンタさんをお迎えするためにせっせとクリスマスツリーを飾り、お部屋の中も玄関もクリスマス仕様になります。クリスマスまでカウントダウンするアドベントカレンダーには、一日1個小さなお菓子を。ところで、カナダのサンタさんにお手紙を出すとお返事が返ってくるんですよ。知っていましたか？

5部屋目

育てること

たまねぎ家の子育て（孫育て）について――子どもの好奇心を大切にする食育のこと、パパが得意な段ボール工作や色々なおうち遊び、お手伝いの決まりごと。まめちゃんとむーむの好きな絵本や、おすすめの絵本もたっぷりお伝えします。

RCURY

孫育て、犬育て、植物育て、自分育て。私は日々、たくさんの〝育て〟をしています。

まめちゃんがママのお腹に宿ったことを一番に気づいたのは、愛犬の陸でした。陸は毎日ママのお腹に顔を押し付け、まめちゃんと交信していました。まめちゃんが生まれると、陸はいつも側に寄り添い、もう1匹の愛犬の空は、まめちゃんが泣くと猛ダッシュで駆けつけてくれました。ハイハイの練習も空と陸が付き合ってくれました。

まめちゃんが1歳になった時、3匹目の岳を迎えました。まめちゃんと岳は、戯れ合ったり喧嘩をしたり、本当に姉弟のよう。そうしてまめちゃんは、空・陸・岳と共にスクスクと育ちました。それから五年後、空と陸は自らの死をもって、まめちゃんに死というものを教えてくれました。まさに愛犬と一緒にやってきた孫育てでした。

くぅさんこと空は、パピーの頃、しつけのために訪ねた先のトレーナーに、会った瞬間「座れ！」と、馬乗りになり叩かれ、蹴られたことがあります。犬のしつけとはこんなに酷いことをするのかと、私はショックを受け、泣きながら家に帰った記憶があります。あれ以来、くぅさんは人の手や足を怖がるようになってしまいました。

そんな時、友人が是非会ってほしいトレーナーがいると連絡をくれました。「またあんな思いをさせてしまうのではないか？」と心配でしたが、人の手を怖がったままではくぅさん自身が可哀想だと、思い切って会ってみることにしました。するとそのトレーナーは、褒めながら時折注意をし、上手に空をリードしていきます。みるみる表情が明るくなっていくくぅさんを見て涙が止まりませんでした。

まるで童話の『北風と太陽』のようでした。育てるとはこういうことなのだと思いました。そして〝育て〟というものは、子どもも犬も植物もすべて根っこの部分は同じなのだということに気がつきました。放っておいても、甘やかし過ぎても、厳し過ぎてもいけない。いくつになってもこうして学べる幸せ。色々な〝育て〟をしながら、私自身も一緒に育っているのでしょうね。

食への好奇心を育む「作ってみようか！」

幼い子どもの好奇心は旺盛で、その好奇心のお付き合いはちょっぴり面倒だけれど、とても楽しいものです。キッチンで食事の支度をしていると、小さい目がじーっと覗き込んできます。

「これなあに？」

「グリンピースだよ。グリンピースはこうして鞘の中に入っているんだよ」

「えー！　グリンピースってかくれんぼしてるのぉ」

お目目をまん丸にして驚きます。

また、ある時は、

「何してるの？　お手伝いしようか？」

と、ソワソワウズウズお目目をキラキラ輝かせながら聞いてきます。

「じゃ、キノコをバラしてもらおうかな」

その時の嬉しそうな顔ったら！　そして食への好奇心はどんどん旺盛になっていきます。

「うどんはどうやって作るの？」

「じゃ、作ってみようか！」

「ポテトチップって本当にじゃがいもでできているの？」

「じゃ、作ってみようか？」

好奇心へのお付き合いが、いつの間にか、食育へとつながっていきました。

(右)手打ちうどん作り。

みんなでふみふみ。

(中)むーむに手伝ってもらい、グリンピースの豆とり。

(左)トウモロコシを芯ごと乾燥させたポップコーン。

うまうまでした！

味噌玉作り。
こちらは2021年バージョン。むーむも一緒。

毎年恒例の味噌仕込み。
これは2020年バージョン。

ハート形のリンゴは、
愛犬の誕生日ケーキのデコレーションです。

お彼岸のお団子。
火傷しないようにそっとそっと…。

まめちゃんがグリーンスムージーを作ってくれました。がっくんも見守っています。

半生節で
初めての鰹節削り。

つきたてのお餅。
のびるのびる~。

お彼岸のぼたもち。
手を濡らして手際よく。

手打ちうどんを作ろう!
しっかり分量を計量して…。

和菓子のワークショップ。
みんなでアマビエ作ったよ。

まめちゃんの焼売包み。
形が崩れないように…。

お誕生日ピザは
自家製のトマトソースたっぷり。

上手にくるくる、
おやつのたこ焼き。

パパの段ボール工作選

息子は、小さい頃からチラシを固く丸めて剣を作るなど、物作りが大好きな子どもでした。それは親となった今も続いていて、自分の子どもたちのためにせっせと段ボールで工作をしています。何か欲しいものがあると、パパに「作って」とおねだりするむーむ。設計図はパパの頭の中にあり、下書きなしにどんどん段ボールを切り、組み立てていきます。いつ見てもすごいなと感心します。

その様子をいつも間近で見ているむーむ。最近、見よう見まねで段ボールでものを作り始めました。むーむも下書きなしで段ボールをチョキチョキと切っていきます。確実に血は受け継がれているのだなと、思わず微笑んでしまいました。

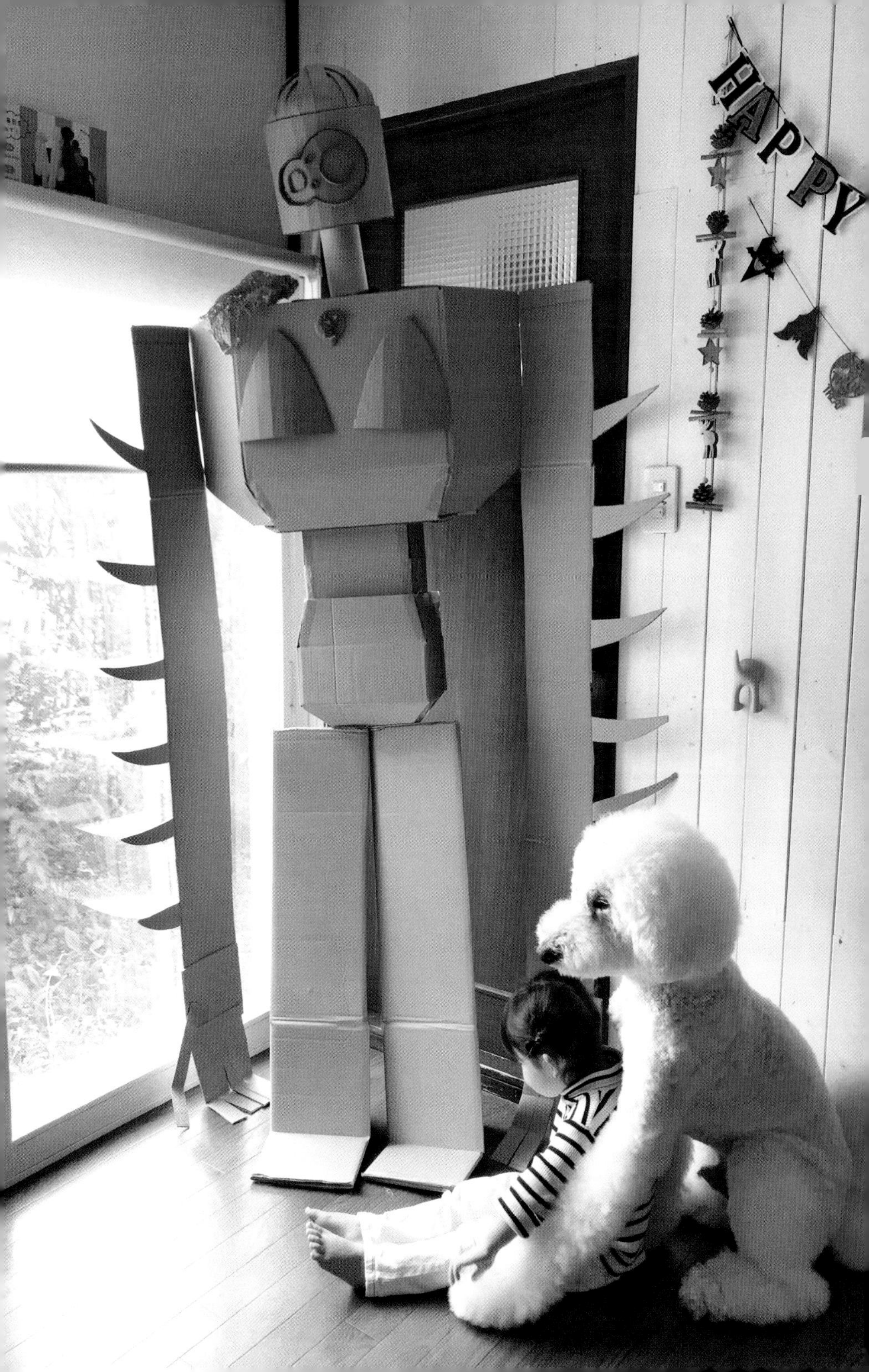
HAPPY

ハロウィンの作品。
衣装も手作り!

まめむぎと陸が入れる大きな
秘密基地。屋根からまめちゃん
が覗いていました（笑）。

ママ作のギター。まめちゃんは大喜びで
陸を観客に演奏を披露。

2022年ハロウィン（P.90）の王蟲《オーム》の試作品。本番は中に人が入れるサイズに！

はちみつを集めるバケツを持ったみなしごハッチ（左）とカマキリ（右）。こんなに細かいものまで！

（右）ハウルの動く城。
（左）五月節句の甲冑。

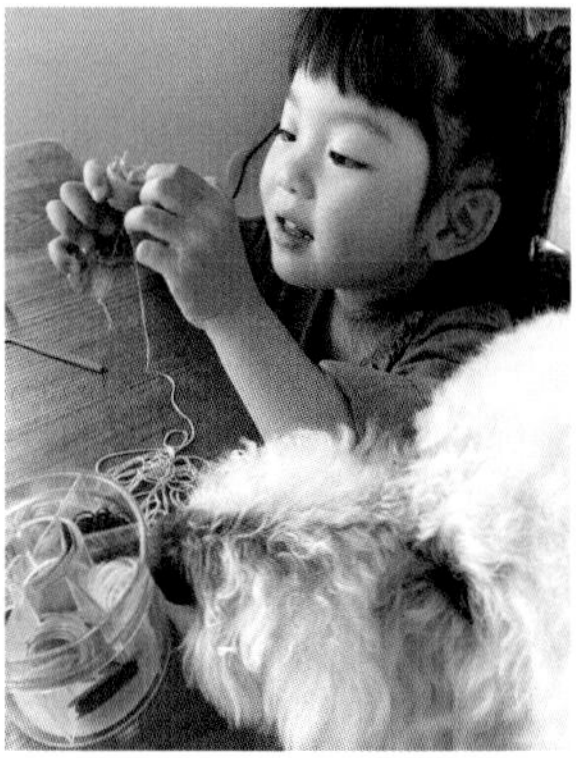

孫と楽しむおうち遊び

さて、まめちゃんとむーむを飽きさせないように今日は何をして遊ぼうか？粘土をしたり、パズルをしたり。部屋の中で愛犬たちと「探せゲーム」をしたり。いらない大きな紙を再利用して、自由にお絵描きしたり。広告をビリビリに破いて空から降らせたり。ボルダリングのおもちゃなんかも登場して、家にはにぎやかな声が響きます。二人を楽しませるはずが、ついつい本気になり誰のための遊びかわからなくなることもしばしば。

お手伝いには必ず「ありがとう」

「ありがとう」の言葉を大切にしている我が家。それはもちろん、幼い子どもに対しても、愛犬に対しても使います。まめちゃんとむーむがお手伝いをしてくれると、みんな「ありがとう、助かる～」と笑顔で応えます。そうするとその倍以上の笑顔が返ってきて、頼んだ側の大人たちもさらにニコニコ笑顔になってしまうのです。

たまねぎ家で読み継がれる絵本たち

18歳の頃、本屋さんで偶然手に取った絵本を読んで感動のあまり泣いてしまいました。このことをきっかけに、当時は月に1冊、おこづかいで絵本を買うように。その多くは今も手元にあって、まめちゃんやむーむが小さい頃、ママが選んで読み聞かせをしていました。今では二人とも好きな絵本を自分たちで選べるまでに成長しました。古くていい絵本と新しい絵本、まだまだ読みたいものがたくさんあります。

次のページから、私のおすすめの絵本をご紹介します。

『ともだちがほしかったこいぬ』

奈良美智／マガジンハウス

作者の奈良美智さんが好きで買った絵本で、今もリビングに飾っています。お話も大好きで犬のぬいぐるみも購入したほど。

『どうぞのいす』

香山美子 作、柿本幸造 絵／ひさかたチャイルド

野原の大きな木の下に置かれた椅子に動物たちが代わる代わる物を置いていく、思いやりがつながるほのぼのとしたお話です。

『おみせやさんでくださいな！』

さいとうしのぶ／リーブル

細かい絵の中にどんぐりや♡マークの手紙、顔の描かれた食べ物が隠れている仕掛けが楽しく、何回読み聞かせても飽きません。

『おしくら・まんじゅう』

かがくい ひろし／ブロンズ新社

紅白まんじゅうに押されて、納豆なら「ねばねば～」、こんにゃくなら「ぷるんぷるん」と。孫たちはこういう擬音が大好きですね。

『ぐりとぐら』

なかがわりえこ 作、おおむらゆりこ 絵／福音館書店

色々なシリーズがありますが、私も孫たちもこの１冊が一番好き。毎回読み終わると大きなカステラが食べたくなります。

『パンダ銭湯』

tupera tupera／絵本館

動物園で暮らすパンダの親子が銭湯へ。この発想と、パンダの白と黒の秘密を暴くような楽しい内容で思わず笑顔になります。

『どろんこハリー』

ジーン・ジオン 文、マーガレット・ブロイ・グレアム 絵、わたなべしげお 訳／福音館書店

私が昔、絵のタッチが好きで買い求めた絵本で孫たちも大好きな１冊。わんこのお話は「可愛い、可愛い!」と盛り上がります。

『バルバルさん』

乾栄里子 文、西村敏雄 絵／福音館書店

ライオン、ワニ、ヒツジと、次々やってくる動物のリクエストに応えてカットする床屋さんのお話。夢があるところが好きです。

『メイシーちゃん』シリーズ

ルーシー・カズンズ 作・絵、
五味太郎 訳／偕成社

孫たちの英語のレッスンでも先生が英語版を使っています。おなじみのキャラクターと一緒だと楽しそうです。

『リサとガスパール』シリーズ

シリーズ　アン・グットマン 作、ゲオルグ・ハレンスレーベン 絵、石津ちひろ 訳／ブロンズ新社

昔から白と黒が好きで、このキャラクターに魅かれて購入。シリーズ３冊ほど持っています。（現在は絶版）

『しろくまちゃんのほっとけーき』

わかやまけん／こぐま社

ページいっぱいに描かれたホットケーキが焼ける場面にくぎ付け。読み終わると「食べた～い」となって作ることが多いですね。

『おかあさんがおかあさんになった日』

長野ヒデ子／童心社

出産のお祝いによくプレゼントします。赤ちゃんを幸せな気分で心待ちにできる、素敵な１冊です。

『ちびくろ・さんぼ』

ヘレン・バンナーマン 作、フランク・ドビアス 絵、光吉夏弥 訳／瑞雲舎

「バターになって美味しそうだね」と言って、読み終わると孫たちとホットケーキを焼くことも。

『100万回生きたねこ』

佐野洋子／講談社

みなさんご存じのロングセラー。読み返すたびに考えさせられ、泣きたくなってしまうんです。

『わたしのそばできいていて』

リサ・パップ 作、菊田まりこ 訳／WAVE出版

米国やヨーロッパの図書館に実際にいる犬たち。友達とうまく話ができない子どもの傍らに寄り添うわんこの心暖まるお話です。

『いぬとぼく、おなじひにうまれた』

のぶみ／サンマーク出版

命のご縁を感じるとても深いお話なのですが、孫たちでも読めるところがいいですね。

大人におすすめの絵本

『しろいうさぎとくろいうさぎ』

ガース・ウィリアムズ 文・絵、松岡享子 訳／福音館書店

2匹のうさぎのやりとりが可愛くて、可愛くて。結婚する友人によくプレゼントしていました。

『モモ』

ミヒャエル・エンデ 作・絵、
大島かおり 訳／岩波書店

娘や息子が小学生の頃、図書館で読んでおもしろかったから買ってほしいと言われた思い出の本。

『パリのおばあさんの物語』

スージー・モルゲンステルヌ 著、
セルジュ・ブロック イラスト、岸恵子 訳／千倉書房

“老い”をテーマにした絵本で、最近購入。読んでいて頑張ろう! という気持ちが湧いてきます。

『賢者のおくりもの』

オー・ヘンリー 作、リスベード・ツヴェルガー 絵、
矢川澄子 訳／冨山房

クリスマスの贈り物に込めたお互いを思いやる心洗われるお話。ツヴェルガーの繊細なタッチにも引き込まれます。

『月のしずく』

菊田まりこ／WAVE出版

空と陸を立て続けに亡くした頃に、作者の菊田さんが送ってきてくださった本です。心に残る1冊になりました。

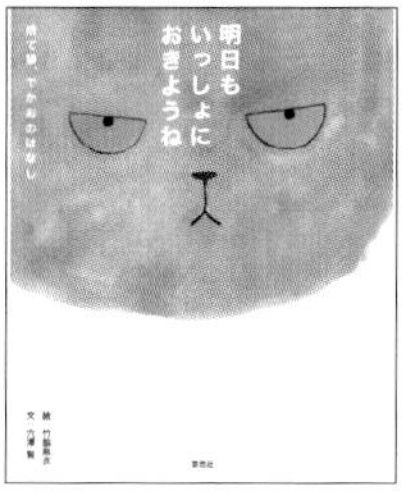

『明日もいっしょにおきようね』

穴澤賢 文、竹脇麻衣 絵／草思社

保護犬や保護猫の活動を知って、泣きながら読みました。多くの方に読んでいただきたいですね。

『旅の絵本』

安野光雅／福音館書店

孫たちが小さい頃は、挿絵の中の馬に乗った人を探したりして楽しみました。10冊シリーズで世界中を旅できるんです。

⑥部屋目

犬と暮らすこと

愛犬は、たまねぎ家の大切な家族の一員です。だから家の中はどこでもわんこフリー。人もわんこも快適に暮らすためのルールや心構え、しつけについて。おすすめの犬グッズのご紹介では、特に役立っているものたちを厳選しました。

小さい頃の私の夢は、「大きな犬と一緒のベッドで寝ること」でした。今でこそ室内飼いが主流かもしれませんが、その当時の日本では、犬は外飼いをしているのが当たり前で、室内で犬を飼うことはまだ珍しい時代でした。

そんな時たまたま観た外国映画で、なんと大きな犬と人がベッドに一緒に寝ているではありませんか！　ものすごい衝撃を受けました。そして、「私もいつか大きな犬と一緒にベッドで寝たい」という夢を抱くようになりました。その夢が叶ったのは私が結婚して数年経ってからで、叶えてくれたのは空――くぅさんでした。そして、〝犬と暮らす〟とはどういうことかを教えてくれたのも、くぅさんでした。

くぅさんと生活するようになって、〝犬を飼う〟ではなく〝犬と暮らす〟という考え方へと変わりました。一緒に生活をしていくうちに、一緒に楽しいことを共有したいと思うようになり、くぅさんと共に楽しめることをいつでも探すようになりました。そして、常に一緒に楽しむ意識を持ち始めたら、なんて

BREAD
IS
LIFE!

ことのない日々の生活もより楽しめるようになったのです。

さらに陸と岳の2匹を迎え、犬暮らしを楽しんでいたら、今まで出会わなかったような、年齢や職種などまったく異なる人たちと出会い、友達となり、たくさんの仲間もでき、どんどん犬友の輪が広がり、最高に楽しいワンライフが送れるようになりました。

ある時、悲しいことがあり泣いていたら、空と陸がそっと私のところに来て、私が泣き止むまで隣に座ってくれていたことがありました。毎朝目覚めると隣で寝ている愛犬を見て思わず笑顔になり、夜寝る時は一緒にベッドに横になりながら「おやすみ」と笑顔で眠りにつく。笑顔で始まり笑顔で終わる。なんて幸せなことでしょう。彼らと暮らさなければこんな幸せはなかったと思います。

犬と暮らすということは、正直に言って楽しいことばかりではありません。犬がいることで不便なことばかりです。でも、それ以上の幸せがそこにはあります。今日も私は満面の笑みで愛犬を抱きしめ、ああ幸せだって思うのです。

3匹のこと〜空・陸・岳〜

最初に出会ったのは空。大型犬と一緒に寝るという夢を叶えてくれました。辛い時も悲しい時も一緒にそばにいてくれました。

次に出会ったのは陸。お花畑の住人のような性格で、私にとって子どものような恋人のようなそんなそんな存在でした。

その次に出会ったのは岳。天真爛漫でいつまでもパピーのようで見ているとつい笑顔になってしまう癒やしの存在です。

この子たちのおかげで、毎日が笑顔で始まり笑顔で終わります。私の人生、この子たちと出会えたことが最大の幸福だったと思います。

空（くうさん）

2007年2月22日生まれ、
2022年2月11日没。

私の親友であり同志でした。家族のことが大好きで、いつも見守ってくれていました。

陸（りっくん）

2008年10月11日生まれ、
2022年7月16日没。

マザコン野郎に育てたくて、溺愛して育て、まんまと、イケメンでかっこいいマザコン野郎に育ってくれました。孫たちの子守りもよくしてくれました。

岳（がっくん）

2017年2月20日年生まれ。

陸の甥っ子。偶然出会えたご縁でお迎えしました。ムードメーカーでいつもみんなを笑顔にしてくれます。

子どもと愛犬と遊び

まめちゃんとむーむが赤ちゃんの頃、わんこたちは二人の子守りをしてくれていました。孫たちの遊びに根気よく付き合い、一緒に遊んでくれました。

二人が大きくなった今、わんこたちは、子守りをしたまめちゃんとむーむに遊んでもらっています。とても楽しそうにボール遊びやフリスビーをしています。その時の移り変わりに、胸がいっぱいになってしまいます。

GARDEN

GARDEN

GARDEN

〝朝んぽ〟と〝夕んぽ〟

大きな声で歌ったり、追いかけっこをしたり、ご近所さんに挨拶をしながら、みんなで朝と夕方にお散歩。みんなで見る、季節によって変わる田んぼの色や夕日のオレンジの美しいことといったら！

散歩中の忘れられない出来事があります。幼いまめちゃんが空のリードを持って歩いていた時のことです。なんと、側溝に気がつかずに段々端によっていくまめちゃんに空が危ないと気づき、駆け寄り、側溝に落ちないようかばったのです。空のその行動は、何度思い出しても泣いてしまいます。

家族のお出かけもわんこと一緒

基本、お出かけは、わんこと一緒に出かけられるところ。最近は犬OKの施設もどんどん増えてきて、一緒にロープウェイやバスに乗ったり、人力車に乗ったり。色々な経験ができて嬉しいです。でも、世の中みんなが犬好きというわけではありません。苦手な人やアレルギーの人に迷惑をかけないようマナーやルールを守って、愛犬とお出かけが楽しめたらいいなと思います。

がっくんと
ひまわり畑の迷路。

車に乗って
雪遊びへ。

家族で浅草旅行。
人力車もわんこと一緒。

わんこも入園OKの
ネモフィラ畑。

ディスク大会に出場。
いっぱい遊びました。

たっぷり遊んで波の音に
癒やされる海水浴。

わんこのごはんは手作り

普段は、手作りごはんをあげています。手作りごはんを始めたのは、以前、空が病気になり、食を見直したことがきっかけです。でも、「絶対に手作りでなければだめだ！」と、がんじがらめに縛られると長続きしないので、忙しい時や体調が悪い時などは、冷凍ストックしておいた手作りごはんやドッグフードで、心身共に無理のないようにしています。

私たちの夕食と一緒にわんこ用ごはんも作ることが多く、調味料で味付けをする前にわんこの分を取り分けたり、わんこ用として最初から別鍋で作ることも。愛犬の健康のために作り始めた手作りごはんですが、今は愛犬の嬉しそうな笑顔が見たくて作っています。

野菜、キノコ、鶏肉を煮て
玄米などにかけて与えます。

にこぷく堂パン店の
わんこパンが大好物。

じゃがいも、紫いも、かぼちゃなどで
わんこ用ケーキを作りました。

ノンフライのから揚げ&ポテトに
彩りを添えて。

犬と暮らすということ

犬は家族だから。家族だけれど犬は犬。一緒に暮らすには、人も犬もお互いにルールを守らなければいけません。

赤ちゃんが我が家にやってきた日。家族で相談しました。衛生面や危険性を心配されることはあります。でも、赤ちゃんがきたからと、先にいるわんこに制限をつけるのはどうなんだろう？　犬のいる家に生まれてきた子なのだから、今の環境のまま犬と一緒に育てよう。そう決めて、新しいルールを作りました。

赤ちゃんには「わんこに優しくね」と、わんこには「赤ちゃんはまだ小さいから大事にしてあげてね」と、理解できてもできなくても、しっかりとその都度伝える。子どもが成長してきたら「突然大声を出さないようにね」などと話をする。大人は、我慢しているであろう愛犬たちの心のケアのため、愛犬だけとの時間を必ず作る。犬と暮らすということは、お互いのルールとしっかりしたしつけが大切だと私は思います。

犬バカ孫バカばんざ〜い

お揃いは可愛い。みんなで着ると一層可愛い。最初は家族で服を着せて楽しんでいたのだけれど、愛が溢れ出し、ついにはSNSでも私の〝犬バカ孫バカばんざ〜い〟っぷりを曝け出すことに。謙遜なんてものは捨て去って、愛ダダ漏れでばんざ〜いやってると、画面の向こうにもばんざ〜いが伝染し、ニヤニヤがどんどん広がって、見てくださるみなさんの癒やしとなれば嬉しいです。

シティーボーイズを気取ってみたけれど、
なぜかちょい悪風に。

袖や見頃の色が違うおしゃれなシャツと
オーバーオールでカッコ可愛く。

自分でデザインしたものを形にしてもらった
一番のお気に入りのシャツ。

グリフィンドールな僕ら。
みんなを笑顔にする魔法を勉強中!

黒白ギンガムチェックで
嬉しはずかし、みんなでお揃い。

犬だけどキャットスーツ(笑)
汚れ防止や水遊びや雪遊びに大活躍!

新しい家族を迎えました～風・雷～

我が家に新しい家族が増えることになりました。黒い子は風（ふう）、白い子は雷（らい）と言います。同胎の兄弟です。もうわんこは迎えない、そう思っていました。ところが縁というのは不思議なもので、つながっている縁にぐいぐい引き寄せられます。母犬は陸の母犬の血をひくホワイト、父犬は陸の同胎（岳の父犬）の子どもでシルバーの毛色です。黒い子が生まれる確率は低いとのことでしたが、不思議なことに、なぜか〝大丈夫。きっと最初に黒い男の子が生まれ、最後に白い男の子が生まれる〟そう思いました。そして、その予感は現実になりました。空と陸が引き寄せてくれたご縁だと思います。

しばらくはパピー（子犬）育てで大変です。友人からいただいた言葉を胸に頑張ります。

〝大いに忙しく、大いに笑って、大いに楽しい子育てを！〟

たまねぎ家の愛用の犬グッズ

いつもしっかり締めているお財布の紐も、わんこのためとなると緩みっぱなし。服やカラー&リードなど、愛犬が身につけるものは一目惚れして購入することが多く、ケアに使うものは、使い勝手や口コミをあらゆる角度から検証して悩みに悩んで購入。わんこの負担にならないか？　成分や効能はどうか？

「リードは愛犬を繋ぐためのものでもあるけれど、愛犬にこちらの気持ちを伝えるためのツールでもある」と知った時、ハッとさせられました。それ以来、愛犬の立場に立って考えたグッズ選びを常々心がけるようにしています。

ごはん&水飲みスペース。テーブルはmogmog factory、フードボウルはル・クルーゼのもの。給水器は「ブリングウォーター」というわんこの顎が濡れにくい商品を愛用しています。

WATER DOG GARDENの"LUNCH BAG"ならぬ"UNCH BAG"。エチケット袋などを入れているお散歩用バッグで、POOPのイラストがお気に入り。

裏面に電話番号を記載した迷子札を使うようにしています。コットンボンボンさんでオーダー。白黒はかっこよくて、カラフルなのも可愛くて気に入っています。

岡野製作所の「ステン・プロスリッカーブラシ武蔵／ソフトM」（右）と「高級両目金櫛（大）」（左）。両方とも15年間、愛用しています。

f.wan＊ふぁん＊dogsoapの「ミラクル抗菌ウォーター」をお腹や股の間などに出る湿疹、体の痒がるところ、耳のお掃除などに使っています。

左から順に、ミツマル製作所、Kazama、茜工房のショートリード。それぞれ握った時の感触や長さが微妙に違い、場面に合わせて使い分けています。

おうちトリミング時や雨の日のお散歩の後に使っているブロワー。すぐに乾いてとても便利です。雪の中で遊んだ時の毛に絡んだ雪玉にも大活躍。

おわりに

色々な悩みがありました。

親であること、娘であること、おばあちゃんであること、姑であること。一体私は何者で、私自身はどこにいるのだろう？　愛犬と出会い、そこには私がいました。

私は何者であって何者でもないんだと気がつきました。そんなことどーだっていいじゃない。

私はわたし。

全部わたし。

そう思ったら、毎日がとっても楽しくなりました。そうしたら周りも笑顔でいっぱいになりました。

〝私はわたし〟であることを教えてくれた空と陸は、今、私のそばにはいません。この本が出来上がるのを待たずに、お空に帰ってしまいました。

辛くて辛くて、寂しくて悲しくて。

私の心が落ち着くまでと、見守り、待ってくださったワニブックスさん。そして出版に関わってくださったみなさま。深く深く感謝いたします。

空と陸と岳とまめとむぎと主人と息子夫婦と母との毎日が、こうして素敵な形となったこと、本当に嬉しく思います。そしてそれを見返すことによって、何気ない毎日が宝物だったと気づかされました。

本当にありがとうございました。

そして、この本を手にとってくださったみなさま。

これからまた新しく始まるたまねぎ家を、どうぞよろしくお願いいたします。

――――

空・陸・岳・まめ・むぎ・たまねぎ・大将・
まめむぎパパ・まめむぎママ・バァバ・風・雷

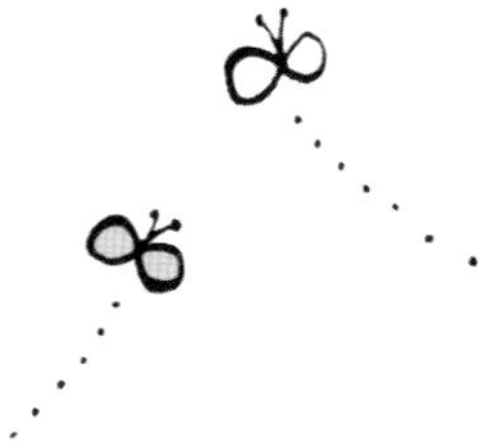

【P77掲載商品のお問い合わせ先】
塩屋の天塩1kg／1,500円（税込）
社会福祉法人 太陽福祉会
太陽作業所従たる事業所 菜の花作業所
TEL：0738-23-3267

からふと屋の頑固 純かにみそ
からふと屋
TEL：0223-34-1313

淡路島産ソルティー玉ねぎ 3kg／1,500円（税込）送料別
有限会社三野青果
TEL：0799-20-4491／FAX：0799-20-4492

本みりん 黄金蜜酒 500ml／1,430円（税込）
株式会社鈴木酒造店長井蔵
TEL：0238-88-2224

純米富士酢 360ml／648円（税込）
株式会社飯尾醸造
TEL：0772-25-0015

味マルジュウ 1.8L／1,436円（税込）
株式会社丸十大屋
TEL：023-632-1122

写真　たまねぎ
長谷川梓（撮り下ろし分）
イラスト　木下綾乃
デザイン　渡辺綾子
編集協力　向井真樹
校正　麦秋新社
DTP　株式会社明昌堂
編集　青柳有紀　田中悠香（ワニブックス）

たまねぎ家の暮らし

著　たまねぎ

2023年1月31日　初版発行

発行者　横内正昭
発行所　株式会社ワニブックス
〒150-8482
東京都渋谷区恵比寿4-4-9　えびす大黒ビル
電話　03-5449-2711（代表）
03-5449-2716（編集部）
ワニブックスHP　http://www.wani.co.jp/
WANI BOOKOUT　http://www.wanibookout.com/

印刷所　凸版印刷株式会社
製本所　ナショナル製本

ISBN 978-4-8470-7277-2